# BEI GRIN MACHT SICH IH
# WISSEN BEZAHLT

Christoph Weigel

# Aufbereitung der Standardtestberichte für die interne Veröffentlichung mit Hilfe eines Makros

## Programmierung mit Visual Basic for Applications

GRIN Verlag

**Bibliografische Information der Deutschen Nationalbibliothek:**

Die Deutsche Bibliothek verzeichnet diese Publikation in der Deutschen National-
bibliografie; detaillierte bibliografische Daten sind im Internet über http://dnb.d-
nb.de/ abrufbar.

**Impressum:**

Copyright © 2009 GRIN Verlag, Open Publishing GmbH
Druck und Bindung: Books on Demand GmbH, Norderstedt Germany
ISBN: 978-3-640-82814-2

**Dieses Buch bei GRIN:**

http://www.grin.com/de/e-book/166563/aufbereitung-der-standardtestberichte-
fuer-die-interne-veroeffentlichung

**GRIN - Your knowledge has value**

Der GRIN Verlag publiziert seit 1998 wissenschaftliche Arbeiten von Studenten, Hochschullehrern und anderen Akademikern als eBook und gedrucktes Buch. Die Verlagswebsite www.grin.com ist die ideale Plattform zur Veröffentlichung von Hausarbeiten, Abschlussarbeiten, wissenschaftlichen Aufsätzen, Dissertationen und Fachbüchern.

**Besuchen Sie uns im Internet:**

http://www.grin.com/

http://www.facebook.com/grincom

http://www.twitter.com/grin_com

# Ingenieurpraktikum

**Thema:**   **Aufbereitung der Standardtestberichte für die interne Veröffentlichung mit Hilfe eines Makros**

**Nachname:**            Weigel

**Vorname:**             Christoph

**Semester:**            Wintersemester 2009/2010

**Fachsemester:**        5

**Bearbeitungszeitraum:**   1. September - 20. November 2009

# Inhaltsverzeichnis

# 1. Themenbeschreibung

Es sollen mit Hilfe eines Makros Testberichte aufbereitet werden. Diese Testberichte werden von Quality Center erstellt und als eine Word-Datei extern abgespeichert. Nach dem das Makro die Testberichte bearbeitet hat, sollen diese übersichtlicher und klarer strukturiert wirken.

Um dieses Makro umzusetzen ist es notwendig, selbstständig eine Recherche über die Grundlagen eins Makros durchzuführen. Es ist darauf zu achten wie man ein Makro erstellt, welche zugrundeliegende Programmiersprache verwendet wird und welche Eigenschaften diese Programmiersprache aufweist. So soll eine fehlerfreie Programmierung möglich sein.

Aus einem ersten Entwurf sollen Rückschlüsse gezogen werden, mit denen ein optimales Makro gestalten werden soll. Die Laufzeit des Makros darf, gemessen an der Dokumentengröße, einen akzeptablen Rahmen nicht überschreiten.

Das erarbeitete Makro soll anschließend an mehreren Testberichten geprüft werden, um möglichst viele Fehler zu erkennen und zu beseitigen.

# 2. Aufbereitung der Standardtestberichte für die interne Veröffentlichung

## 2.1 Genauere Problembeschreibung

In dem Testdatenbanksystem Quality Center besteht die Möglichkeit einen Testbericht zu erstellen, in dem sämtliche Informationen über mehrere Testläufe in Microsoft Word ausgegeben werden können. Diese Informationen können Workflow, Status oder Anhang in einem Test sein.

Der Testbericht wird zwar gemäß der Ordnerstruktur im Quality Center ausgegeben, doch die Gliederung ist sehr unübersichtlich und unsystematisch für Leser ohne Erfahrungen mit dem Quality Center. Desweiteren sind die Beschreibungen der Anhänge nicht gut zuordenbar.

Die manuelle Formatierung dieser Dokumente ist sehr zeitaufwendig und ungeeignet, da große Dokumente mit über 1000 Seiten zu bearbeiten sind.

Die meisten Formatierungen müssen über das gesamte Dokument wiederholt durchgeführt werden.

Um dieses zeitliche Problem bei der Formatierung dieser Dokumente zu umgehen, soll ein Makro geschrieben werden, das folgende Kriterien erfüllt:

- *Löschen der alten Gliederung*

- *Löschen von überflüssigen Gliederungspunkten*

- *Setzen der neuen Gliederung*

- *Aktualisieren des Inhaltsverzeichnisses*

- *Setzen von Seitenumbrüchen, damit Beschreibungen besser zu deren Anhängen zugeordnet werden können*

Das Makro wird in dem Makroeditor von Microsofts Word 2007 erstellt.

## 2.2 Aufbau und Funktionsweise des Makros

Am Anfang war es wichtig den Quelltext in einer übersichtlichen Form darzustellen, damit man Befehle und Anweisungen die zu bearbeiten sind, schnell finden kann.

Somit wurde das Makro in eine Hauptprozedur und in sechs Unterfunktionen eingeteilt.

Dabei nimmt die Hauptprozedur die Administration ein und die Unterfunktionen lösen die geforderten Aufgaben.

| | |
|---|---|
| *Hauptprozedur:* | *ReportQualityCenter()* |
| *Unterfunktionen:* | *LöschenderGliederung(strFind, b, c, d)* |
| | *SetzenderGliederung()* |
| | *SetzenderGliederung2()* |
| | *Seitenumbruch()* |
| | *LöschenderRoots()* |
| | *Zählalgorithmus(ByRef Zähler, strFind)* |

Bis auf die Unterfunktion „Zählalgorithmus" werden alle Unterfunktionen in der Hauptprozedur ausgeführt. Die Unterfunktion „LöschenderGliederung" wird drei Mal in der Hauptprozedur ausgeführt.

Ein Anfangsproblem bei der Erstellung des Makros war, Regelmäßigkeiten in dem Dokument zu erkennen, an denen mit Hilfe von Schleifen der Cursor immer wieder positioniert werden konnte. Diese Regelmäßigkeiten mussten Kriterien sein, die eindeutig sind und nicht zu Verwechselungen führen durften. Da das zu bearbeitende Dokument wenige regelmäßige Formatierungen aufweist, wurde nach Zeichenketten (nachfolgend Positionierungswörter genannt) gesucht, an denen eine Positionierung des Cursors festgemachen werden konnte. Für jede Unterfunktion mussten andere Wörter gesucht werden.

Im folgenden Abschnitt sind Erklärungen zu den Unterfunktionen dargestellt. Dabei werden die Aufgaben der Funktionen dargelegt, aber auch die Umsetzung der Lösungen in einen

Algorithmus wird grob geschildert. Einzelheiten wie verwendete Parameter oder Befehlsfolgen sind dabei vernachlässigt worden.

Funktion: „Zählalgorithmus"

Diese Unterfunktion wird in den anderen Unterfunktionen aufgerufen. Sie ist dafür zuständig, die Positionierungswörter zu zählen, die ihr über die Variable „strFind" übergeben wird. Diese Wörter weisen die oben genannten Regelmäßigkeiten auf. Sie hat eine „Call by Reference" Funktion, das heißt sie gibt einen Wert für die Variable „Zähler" zurück.

Das Hauptelement dieser Unterfunktion ist eine WHILE-Schleife, die solange die Variable „Zähler" um eins erhöht, wie das Positionierungswort in dem Dokument gefunden wird. Diese Schleife bricht am Ende des Dokumentes automatisch ab.

Die Variable „Zähler" wird in den anderen Unterfunktionen für eine FOR-Schleife verwendet, die nach einer bestimmten Anzahl von Durchläufen abgebrochen wird. Diese FOR-Schleife hätte auch als WHILE-Schleife eingebunden werden können. Doch so ist vor dem Durchlaufen der Schleife klar, wie oft sie durchlaufen werden muss und sie kann an einer geeigneten Stelle abgebrochen werden. Der Nachteil dieser Variante ist, dass sie laufzeitintensiver ist.

Funktion: „LöschenderGliederung"

Diese Unterfunktion löscht die Gliederungsnummern vor den letzten drei Gliederungsebenen der einzelnen Testfälle. Da der gesamte Ablauf dieser Unterfunktion drei Mal durchlaufen werden muss, aber mit unterschiedlichen Variablen, wurde beschlossen, diese Unterfunktion wiederholt mit einer Parameterübergabe in der Hauptprozedur auszuführen. Dadurch wird der gesamte Quelltext übersichtlicher und kompakter.

| 1.1.1.1.1.1.1.1. Root\Release 9.1\SIT-MGN\Access Modules\2WCA-PCN-10G\1 FT\1 Module | |
| --- | --- |
| Properties | |
| 1.1.1.1.1.1.1.1. Root\Release 9.1\SIT-MGN\Access Modules\2WCA-PCN-10G\1 FT\1 Module | |
| Properties\1-1 Module Basics | |
| Test Sets: | ――――― Positionierungswörter |
| 1.1.1.1.1.1.2.1.1.1 Test Set : 1-1-1 Equipment Design | ――――― Gliederungsnummern |
|  | ――――― Pfadangaben |
| Tests : | ――――― dtittletzte Gliederungs- |
| 1.1.1.1.1.1.2.1.1.1.1 Plan: Test Name : Card size 6HU, 4HP | ebene (GE) |
| Runs : | ――――― vorletzte GE |
| 1.1.1.1.1.1.2.1.1.1.1.1 Run Name : Run_1-5_16-34-18 | ――――― letzte GE |

Abb. 1: Ursprüngliche Gliederung des Testberichtes die durch die Unterfunktionen bearbeitet wird

Die Positionierungswörter finden sich am Anfang der Gliederungspunkte in den einzelnen Ebenen. So fängt die drittletzte Gliederungsebene aller Testfälle mit „Test Set :", die vorletzte Ebene mit „Plan: Test Name :" und die letzte Ebene mit "Run Name :" an.

Diese Wörter und drei weitere Variablen, die zum Löschen der Gliederung notwendig sind, werden von der Hauptprozedur an die Unterfunktion übergeben.

In der Unterfunktion wird zuerst die Unterfunktion Zählalgorithmus ausgeführt.

Anschließend wird mit der ermittelten Anzahl der Positionierungswörter eine FOR-Schleife durchlaufen.

Die Gliederungsnummern werden, durch die Generierung in Word, in einer unterschiedlichen Formatierung ausgegeben. Daher ist es notwendig in der Schleife eine Entscheidung zu definieren, die ermittelt wie die Gliederungsnummern formatiert wurden. Ist diese als Feld formatiert, kann die Gliederungsnummer als Ganzes, mit einem Befehl gelöscht werden. Ist die Gliederungsnummer aber lediglich als Zeichenkette ausgegeben, muss jedes Zeichen der Gliederungsnummer einzeln eingelesen und gelöscht werden. Dieses Löschen der Zeichen endet, wenn das eingelesene Zeichen der Anfangsbuchstabe des Positionierungswortes ist.

Funktion: „SetzenderGliederung"

Diese Unterfunktion erzeugt eine neue Nummerierung der letzten drei Gliederungsebenen. Bei der Erstellung eines geeigneten Ablaufplans gab es einige Probleme, da dies eine sehr komplexe Aufgabe war. Das Schema musste mehrmals überarbeitet werden.

Nachfolgend wird eine erste Lösung dieses Problems erläutert. Anschließend werden die Lösungen beschrieben, wie das Makro optimiert wurde.

Die Nummerierung der Gliederungsebenen erfolgt über vier verschachtelte FOR-Schleifen, wobei jede FOR-Schleife eine Gliederungsebene darstellt. Der Laufindex einer FOR-Schleife bildet somit einen Teil der Nummerierung ab. In jeder übergeordneten FOR-Schleife werden die Positionierungswörter der darunterliegenden Gliederungsebene gezählt und komplett von oben bis an das Ende des Dokumentes durchnummeriert, bis der nächste Durchlauf der übergeordneten Schleife erfolgt.

Abb. 2: Schaubild der Nummerierung durch vier FOR-Schleifen

Diese Lösung wurde an mehreren Dokumenten getestet. Man stellte schnell fest, dass die Laufzeit durch die vielen Schleifen schon bei kleinen Dokumentengrößen erheblich ist.

Ein großes Problem war, eine Reihenfolge zu finden um die richtigen Positionierungswörter anzusprechen. Dabei musste zwischen „Test Sets:" (1. Gliederungsebene), „Test Set :" (2. GE), „Plan: Test Name :" (3. GE) und „Run Name" (4. GE) unterschieden werden.

*Beispiel:*
*Der Cursor soll an das fünfte „Test Set :" des dritten „Test Sets:" gesetzt werden.*

Dieses Problem konnte mit kleinen aufeinanderfolgenden Unterschleifen gelöst werden. So sucht die erste Schleife drei Mal, vom Anfang des Dokumentes ausgehend, das Wort „Test Sets:" und die zweite von dieser Stellung aus fünf Mal das Wort „Test Set :". Der Aufbau des Quelltextes ist im Vergleich zu dem hier beschriebenen Beispiels komplexer zu betrachten.

Die Lösung dieses Problems liegt in einem Grundsatz der Programmierung, der besagt, dass die Laufzeit und der Speicherbedarf gegeneinander austauschbar sind. Konkret heißt das, dass die zusätzliche Einbindung von Variablen den Speicherbedarf erhöht, da aber so Probleme direkt, ohne Umwege über wiederholte Anweisungen angesprochen werden können, wird die Laufzeit der Prozedur verringert. Es musste also nach Möglichkeiten gesucht werden, die eine geringere Durchlaufzahl der Hauptschleifen erreichen und die eine Positionierung ohne die Positionierungsschleifen möglich machen.

Eine geringere Durchlaufzahl der Hauptschleifen konnte durch das Einlesen der Seitenzahlen der Hauptgliederungspunkte in ein Datenfeld erreicht werden. Diese wurde durch einen Befehl als Abbruchbestimmung in einer Schleife definiert. Somit wird nun eine Schleife bei Erreichen des nächsten Hauptgliederungspunktes abgebrochen. Zu beachten ist dabei, dass die Abbruchbedingungen nicht in den Hauptschleifen implementiert wurden, sondern in den Zählschleifen, welche die Positionierungswörter zählen. Dies bringt den Vorteil, dass die Gesamtzahl aller Schleifendurchgänge weiter verringert und somit Laufzeit des Makros eingespart wird. In dieser Unterfunktion konnte die Funktion Zählalgorithmus nicht verwendet werden, da die oben genannte Abbruchbedingung zusätzlich definiert werden musste.

Durch diese Änderung ist man dem Ziel, ein schnelles Makro zu erzeugen, näher gekommen. Doch bei größeren Dokumenten (ca. 4000 Seiten) betrug die Laufzeit immer noch mehr als acht Stunden.

Dadurch war klar, dass die kleinen Schleifen, die den Cursor setzen, zu viele Durchläufe benötigten, um zur gewünschten Position zu gelangen.

Nach intensiver Recherche im Internet wurde eine Lösung des Problems mit Hilfe von Textmarken gefunden.

Hierfür wurden Befehle implementiert, die Textmarken an die Positionierungswörter setzen, in denen der Laufindex der FOR-Schleifen, die für die Nummerierung zuständig sind, wiederzufinden ist. Dadurch sind die Positionierungswörter direkt über einen Befehl anzuwählen und die Positionierungsschleifen konnten aus dem Quelltext entfernt werden. Nach dieser Veränderung betrug die Laufzeit für große Dokumente nur noch eine Stunde.

Funktion: „SetzenderGliederung2"

Diese Unterfunktion setzt die Hauptgliederung für Testgruppen. Dabei ist das Positionierungswort „Test Sets:" unter dem die Hauptgliederung gesetzt werden soll. Diese Unterfunktion hätte auch in die Unterfunktion „LöschenderGliederung" integriert werden können. Aus Übersichtsgründen wurde diese Funktion jedoch gesondert eingebunden.

Die Gliederung erfolgt durch eine FOR-Schleife, deren Laufindex durch die Unterfunktion „Zählalgorithmus" ermittelt wurde und dieser als Gliederungsnummer fungiert.

Über dem Positionierungswort „Test Sets:" steht der Pfad zu dieser Testgruppe als ein Gliederungspunkt. Die Teile des Pfades sind durch das Zeichen „\" getrennt. Der letzte Teil dieses Pfades ist der Text der Hauptgliederung der von dem Rest des Pfades getrennt werden musste. Der Pfad wird in eine Variable einlesen und deren Inhalt wird anschließend ein Datenfeld, getrennt nach jedem „\", zugewiesen. Nachdem die Felderanzahl des Datenfeldes ermittelt wurde, kann das letzte Feld, formatiert als Überschrift, ausgegeben werden.

```
(1 FT,  1 Module Properties)          Setzen der
2.      1-1 Module Basics             Gliederung 2
2.1  Test Set : 1-1-1 Equipment Design
                                      Setzen der
Tests :                               Gliederung
2.1.1  Plan: Test Name : Card size 5HU, 4HP
Runs :
2.1.1.1  Run Name : Run_1-5_16-34-18
```

Abb. 3: Formatierte Gliederung nach Durchlauf des Makros

Funktion: „Seitenumbruch"

In dieser Unterfunktion wird eine Zuordnung der Anhänge zu ihren Beschreibungen realisiert. Die Beschreibungen der Anhänge stehen nicht wie üblich unter einem Anhang, sondern darüber. Somit besteht eine Verwechslung mit einem darüber stehenden Anhang.

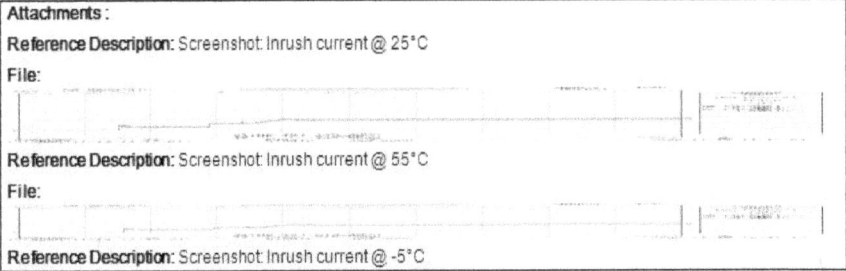

Abb. 4: Alte Anordnung der Anhänge und deren Beschreibungen

Die Positionierung der Beschreibungen unterhalb deren Anhänge ist zwar möglich, doch dieser Weg ist aufwendig und somit könnten durch den Logarithmus fehlerhafte Dokumente erzeugt werden. Daher wird die Positionierung der Beschreibungen über deren Anhängen belassen und man setzt über die Beschreibungen einen Seitenumbruch. Dies lässt sich mit weniger Befehlen umsetzten und ist deshalb nicht so störanfällig.

Diese Unterfunktion ist in zwei Teile gegliedert.

Zuerst ist das Positionierungswort „Reference Description", welches durch die Unterfunktion Zählalgorithmus gezählt wird. Danach wird durch Befehle in einer FOR-Schleife ein Seitenumbruch vor dem Positionierungswort „Reference Description" gesetzt.

In jedem Testfall wird mit der Überschrift „Attachments" eine Gruppe von Anhängen angekündigt. Da aber das erste Wort unter „Attachments" meist „Reference Description" ist, besteht nun ein Seitenumbruch (in Abb. 8 Hilfsseitenumbruch) zwischen diesen beiden Wörtern. Dieser soll im zweiten Teil der Funktion gelöscht und über „Attachments" ein Seitenumbruch erzeugt werden.

Das neue Positionierungswort lautet nun „Attachments" welches gezählt und anschließend, wie eben erklärt, mit den passenden Befehlen bearbeitet wird.

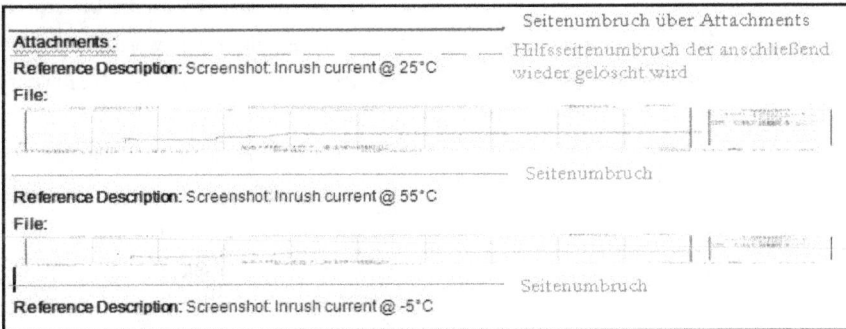

Abb. 5: Schaubild der neuen Anordnung von Beschreibungen zu deren Anhängen

Funktion: „LöschenderRoots"

Durch diese Unterfunktion werden überflüssige Gliederungspunkte gelöscht und das Inhaltsverzeichnis aktualisiert. Überflüssige Gliederungspunkte sind die Pfadangaben über den einzelnen Testgruppen.

Das Positionierungswort für diese Unterfunktion lautet „Root", da jede Pfadangabe im Quality Center mit dem Ordner Root beginnt. Dieses Positionierungswort wird durch die Unterfunktion „Zählalgorithmus" gezählt. Anschließend kann durch Anweisungen in einer FOR-Schleife die Pfadangabe und die dazugehörige Gliederungsnummer gelöscht werden.

Da die Aktualisierung des Inhaltsverzeichnisses nur einen Befehl beinhaltet, wird dieser am Ende dieser Unterfunktion ausgeführt.

## 2.3 Testphase und mögliche Unstimmigkeiten

Um die Zuverlässigkeit dieses Makros zu testen, wurden mehrere Dokumente erzeugt. Das wichtigste Instrument für die Fehlererkennung war dabei der Einzelschrittmodus. Mit ihm konnten alle Schleifendurchgänge, Entscheidungen und Änderungen von Variablen erfasst und dadurch Rückschlüsse auf den Ablauf des Makros gezogen werden.

Es ist trotzdem ein Problem aufgetreten welches mit den zur Verfügung stehenden Mitteln nicht erklärt werden kann. Bei sehr großen Dokumenten mit Seitenzahlen um die 4000 werden Schleifen in der Unterfunktion „SetzenderGliederung", ohne dass die Abbruchbedingungen zutreffen, abgebrochen. Auffällig dabei ist, dass dies immer erst im letzten Durchlauf der Hauptschleife erfolgt. Die Überprüfung der Abbruchbedingungen ergab keine Ergebnisse. Bei einem langsamen Durchlauf im Einzelschrittmodus wurden alle Schleifen ordnungsgemäß abgebrochen. Diese Größe von Dokumenten tritt allerdings nicht sehr häufig auf, so dass eher mit Seitenzahlen zwischen 20 und 600 gerechnet werden muss.

Es ist außerdem auch darauf zu achten, dass dieses Makro auch fehlerhafte Dokumente erzeugen könnte. So können zum Beispiel Wörter als Positionierungswörter angewählt werden, welche dieselbe Zeichenfolge haben wie die Positionierungswörter. Dies könnte man durch Prüfalgorithmen vermeiden. Der Aufwand, einen Algorithmus zuverlässiger zu gestalten, steigt exponentiell gegenüber der erreichten Verbesserung. Deshalb hat man zunächst auf einen Prüfalgorithmus verzichtet, um gegebenenfalls bei einem Auftreten dieses Problems gezielt in den vorhandenen Algorithmus einzugreifen. Dies ist zweckmäßiger, da es eher unwahrscheinlich ist, dass Wörter mit derselben Zeichenfolge wie die der Positionierungswörter auftreten.

Desweiteren ist es durch die Optimierung geglückt, die Laufzeit von kleinen Dokumenten (bis zu 1000 Seiten) auf wenige Minuten zu verkürzen. Größere Dateien (ca. 4000 Seiten) haben eine Laufzeit von maximal einer Stunde.

# 3. Schlussbetrachtung

Die Aufbereitung der Testberichte vom Quality Center wurde durch ein von Grund auf neu erstelltes Makro realisiert, welches aus einer Hauptprozedur und sechs Unterfunktionen besteht. In fünf dieser Unterfunktionen werden alle notwendigen Formatierungen durchgeführt. Eine komplexe Lösung wurde für das Setzen einer neuen Gliederung entworfen, die den Hauptteil des Makros darstellt. Dabei wurde über eine laufzeitintensive Lösung eine optimierte Funktion erstellt, die schnell und korrekt die geforderten Aufgaben ausführt. Somit stellt das Makro ein Werkzeug dar, das für die ADVA AG viel Arbeitszeit einspart. Durch eine manuelle Bearbeitung eines Dokumentes mit 1000 Seiten würde ein Arbeitstag verloren gehen. Desweiteren verbessert das Makro die Darstellung der firmeninternen Testberichte.

Zu beachten ist, dass bei größeren Dokumenten ungeklärte Fehler auftreten. Dieses Makro kann durch Prüfalgorithmen zuverlässiger gestaltet werden.

# Anhang: Quelltext des Makros

**Löschen der Gliederung:**

```
Sub löschendergliederung(strFind, b, c, d)
'This function deletes the old structure which was set bei creating the report.


'Setzt den Cursor an den dritten Seitenumbruch

With Selection
    .HomeKey 6
    .GoTo what:=wdGoToBreak, Which:=wdGoToNext, Name:="2"
End With



Zählalgorithmus Zähler, strFind

'Setzt den Cursor an den dritten Seitenumbruch

With Selection
    .HomeKey 6
    .GoTo what:=wdGoToBreak, Which:=wdGoToNext, Name:="2"
End With



'Löscht die Gliederung und setzt eine neue

For i = 1 To Zähler
  With Selection
     .MoveRight unit:=wdCharacter, Count:=11
     .Find.MatchWholeWord = False
     .Find.Text = strFind
     .Find.Execute
     If .Find.Found = True Then
        .MoveLeft unit:=wdCharacter, Count:=2
        Set h = ActiveDocument.Range(Start:=Selection.Start, _
        End:=Selection.Start + 1)
        If h = " " Then
           .MoveLeft unit:=wdCharacter, Count:=(c - 1)
           .MoveRight unit:=wdCharacter, Count:=d, Extend:=wdExtend
           .Cut
           .HomeKey 5
           Set arange = ActiveDocument.Range(Start:=Selection.Start, _
           End:=Selection.Start + 1)
```

```
            While arange <> b

                Selection.Delete unit:=wdCharacter, Count:=1
                Set arange = ActiveDocument.Range(Start:=Selection.Start, _
                End:=Selection.Start + 1)
            Wend
        Else
            With Selection
                .MoveRight unit:=wdCharacter, Count:=1
                .Paragraphs(1).SelectNumber
                .Delete unit:=wdCharacter, Count:=1
            End With
        End If
    End If
End With
With Selection
    If c = "2" Then
        .HomeKey 5
        Selection.InsertBreak Type:=wdPageBreak
    End If
End With
Next i

End Sub
```

**Seitenumbruch:**

```
Function Seitenumbruch()
'
'This Function sets  pagebreaks first befor the string "Reference Description" and then
the string "Attachments :".
'When bevor the string "Reference Description" the string "Attachments :" exist, then the
set pagebreake bevor "Reference Description"
'will deleted.
'


Dim Zähler   As Integer
Dim lastpage As String
Dim Scurpage  As String

With Selection
    .HomeKey 6
    .GoTo what:=wdGoToBreak, Which:=wdGoToNext, Name:="2"
End With
```

Zählalgorithmus Zähler, "Reference Description"

```
Selection.HomeKey 6
For i = 1 To Zähler
  With Selection
    .Find.MatchWholeWord = True
    .Find.Text = "Reference Description"
    .Find.Execute
    If .Find.Found = True Then
      .MoveLeft unit:=wdCharacter, Count:=1
      .InsertBreak Type:=wdPageBreak
      .MoveRight unit:=wdCharacter, Count:=13
      .Find.Wrap = wdFindContinue
    End If
  End With
Next i

With Selection
  .HomeKey 6
  .GoTo what:=wdGoToBreak, Which:=wdGoToNext, Name:="2"
End With
```

Zählalgorithmus Zähler, "Attachments :"

```
Selection.HomeKey 6
For i = 1 To Zähler
  With Selection
    .Find.MatchWholeWord = True
    .Find.Text = "Attachments :"
    .Find.Execute
    If .Find.Found = True Then
      .MoveLeft unit:=wdCharacter, Count:=1
      .InsertBreak Type:=wdPageBreak
      .MoveDown unit:=wdLine, Count:=1
      .HomeKey 5
      Set zeichen = ActiveDocument.Range(Start:=Selection.Start, _
      End:=Selection.Start + 1)
      If zeichen = "F" Then
        .MoveRight unit:=wdCharacter, Count:=1
      Else
        .MoveUp unit:=wdLine, Count:=1
        .HomeKey 5
        .MoveRight unit:=wdCharacter, Count:=13
        .Delete unit:=wdCharacter, Count:=3
```

```
            .MoveRight unit:=wdCharacter, Count:=13
         End If
         .Find.Wrap = wdFindContinue
      End If
   End With
Next i


End Function
```

**Setzen der Gliederung:**

```
Function SetzenderGliederung()
'
'Set the new structure bevor die strings "Test Set :","Plan: Test Name :" and "Run Name
:".

Dim page(300) As Integer
With Selection
   .HomeKey 6
   .GoTo what:=wdGoToBreak, Which:=wdGoToNext, Name:="2"
   'Zählalgorithmus Zähler1, "Test Sets:"


   With Selection.Find
      Zähler1 = 0
      .Text = "Test Sets:"
      .Execute
      Do While .Found = True
      Zähler1 = Zähler1 + 1
      lastpage = Scurpage
      Scurpage = Selection.Information(wdActiveEndPageNumber)
      page(Zähler1) = Scurpage
      If lastpage > Scurpage Then Zähler1 = Zähler1 - 1
      If lastpage > Scurpage Then Exit Do
      .Execute
      Loop
      page(Zähler1 + 1) = 10000
   End With

   .HomeKey 6
   .GoTo what:=wdGoToBreak, Which:=wdGoToNext, Name:="2"
   For i = 1 To Zähler1
   .HomeKey 6
   .GoTo what:=wdGoToBreak, Which:=wdGoToNext, Name:="2"
      For v = 1 To i
```

```
                .Find.MatchWholeWord = True
                .Find.Text = "Test Sets:"
                .Find.Execute
                .MoveRight unit:=wdCharacter, Count:=1
            Next v
                'Zählalgorithmus zähler2, "Test Set :"

            With Selection
                zähler2 = 0
                .Find.Text = "Test Set :"
                .Find.Execute
                Do While .Find.Found = True
                    zähler2 = zähler2 + 1
                    lastpage = Scurpage
                    Scurpage = Selection.Information(wdActiveEndPageNumber)
                    'If lastpage > Scurpage Then Zähler = Zähler - 1
                    If .Information(wdActiveEndPageNumber) > page(i + 1) Then Exit Do
                    .Find.Execute
                Loop
            End With


.HomeKey 6
.GoTo what:=wdGoToBreak, Which:=wdGoToNext, Name:="2"
    For v = 1 To i
        .Find.MatchWholeWord = True
        .Find.Text = "Test Sets:"
        .Find.Execute
        .MoveRight unit:=wdCharacter, Count:=1
    Next v
        'If .Information(wdActiveEndPageNumber) > page(i + 1) Then Exit For
        For g = 1 To zähler2
.HomeKey 6
.GoTo what:=wdGoToBreak, Which:=wdGoToNext, Name:="2"
    For v = 1 To i
        .Find.MatchWholeWord = True
        .Find.Text = "Test Sets:"
        .Find.Execute
        .MoveRight unit:=wdCharacter, Count:=1
    Next v
            For x = 1 To g
                .Find.MatchWholeWord = True
                .Find.Text = "Test Set :"
                .Find.Execute
```

```
        .MoveRight unit:=wdCharacter, Count:=1
    Next x
    'Zählalgorithmus zähler3, "Plan: Test Name :"

    With Selection
        zähler3 = 0
        .Find.Text = "Plan: Test Name :"
        .Find.Execute
        Do While .Find.Found = True
            zähler3 = zähler3 + 1
            lastpage = Scurpage
            Scurpage = Selection.Information(wdActiveEndPageNumber)
            'If lastpage > Scurpage Then Zähler = Zähler - 1
            If .Information(wdActiveEndPageNumber) > page(i + 1) Then Exit Do
            .Find.Execute
        Loop
    End With



.HomeKey 6
.GoTo what:=wdGoToBreak, Which:=wdGoToNext, Name:="2"
    For v = 1 To i
        .Find.MatchWholeWord = True
        .Find.Text = "Test Sets:"
        .Find.Execute
        .MoveRight unit:=wdCharacter, Count:=1
    Next v
        For x = 1 To g
            .Find.MatchWholeWord = True
            .Find.Text = "Test Set :"
            .Find.Execute
            .MoveRight unit:=wdCharacter, Count:=1
        Next x
        .HomeKey 5
        Set zeichen = ActiveDocument.Range(Start:=Selection.Start, _
        End:=Selection.Start + 1)
        While zeichen <> "T"
            Selection.Delete unit:=wdCharacter, Count:=1
            Set zeichen = ActiveDocument.Range(Start:=Selection.Start, _
            End:=Selection.Start + 1)
        Wend
        'If .Information(wdActiveEndPageNumber) > page(g + 1) Then Exit For
        .TypeText Text:=i
```

```
                         .TypeText Text:="."
                         .TypeText Text:=g
                         .TypeText Text:="  "
                         For j = 1 To zähler3
           .HomeKey 6
           .GoTo what:=wdGoToBreak, Which:=wdGoToNext, Name:="2"
            For v = 1 To i
               .Find.MatchWholeWord = True
               .Find.Text = "Test Sets:"
               .Find.Execute
               .MoveRight unit:=wdCharacter, Count:=1
            Next v
               For x = 1 To g
                  .Find.MatchWholeWord = True
                  .Find.Text = "Test Set :"
                  .Find.Execute
                  .MoveRight unit:=wdCharacter, Count:=1
               Next x
                  For y = 1 To j
                     .Find.MatchWholeWord = True
                     .Find.Text = "Plan: Test Name :"
                     .Find.Execute
                     .MoveRight unit:=wdCharacter, Count:=1
                  Next y
                     'Zählalgorithmus zähler4, "Run Name :"


                     With Selection
                     zähler4 = 0
                     .Find.Text = "Run Name :"
                     .Find.Execute
                     Do While .Find.Found = True
                        zähler4 = zähler4 + 1
                        lastpage = Scurpage
                        Scurpage = Selection.Information(wdActiveEndPageNumber)
                        'If lastpage > Scurpage Then Zähler = Zähler - 1
                        If .Information(wdActiveEndPageNumber) > page(i + 1) Then Exit Do
                        .Find.Execute
                     Loop
                     End With


           .HomeKey 6
           .GoTo what:=wdGoToBreak, Which:=wdGoToNext, Name:="2"
```

```
For v = 1 To i
    .Find.MatchWholeWord = True
    .Find.Text = "Test Sets:"
    .Find.Execute
    .MoveRight unit:=wdCharacter, Count:=1
Next v
    For x = 1 To g
        .Find.MatchWholeWord = True
        .Find.Text = "Test Set :"
        .Find.Execute
        .MoveRight unit:=wdCharacter, Count:=1
    Next x
        For y = 1 To j
            .Find.MatchWholeWord = True
            .Find.Text = "Plan: Test Name :"
            .Find.Execute
            .MoveRight unit:=wdCharacter, Count:=1
        Next y
        'If .Information(wdActiveEndPageNumber) > page(j + 1) Then Exit For
        .HomeKey 5
        Set zeichen = ActiveDocument.Range(Start:=Selection.Start, _
        End:=Selection.Start + 1)
        While zeichen <> "P"
            Selection.Delete unit:=wdCharacter, Count:=1
            Set zeichen = ActiveDocument.Range(Start:=Selection.Start, _
            End:=Selection.Start + 1)
        Wend
        .TypeText Text:=i
        .TypeText Text:="."
        .TypeText Text:=g
        .TypeText Text:="."
        .TypeText Text:=j
        .TypeText Text:="  "
        For k = 1 To zähler4
            .Find.MatchWholeWord = True
            .Find.Text = "Run Name :"
            .Find.Execute
            'If .Information(wdActiveEndPageNumber) > page(k + 1) Then Exit
For
            .MoveRight unit:=wdCharacter, Count:=1
            .HomeKey 5
            Set zeichen = ActiveDocument.Range(Start:=Selection.Start, _
            End:=Selection.Start + 1)
            While zeichen <> "R"
```

```
                        Selection.Delete unit:=wdCharacter, Count:=1
                        Set zeichen = ActiveDocument.Range(Start:=Selection.Start, _
                        End:=Selection.Start + 1)
                    Wend
                    .TypeText Text:=i
                    .TypeText Text:="."
                    .TypeText Text:=g
                    .TypeText Text:="."
                    .TypeText Text:=j
                    .TypeText Text:="."
                    .TypeText Text:=k
                    .TypeText Text:="   "
                    .MoveDown unit:=wdLine, Count:=1


        Next k
       Next j
      Next g
     Next i
End With
End Function
```

**Setzen der Gliederung 2:**

```
Function SetzenderGliederung2()
'
'This function set the mainstructure of test sets.
'
'


Dim teil1() As String, teil2() As String


With Selection
    .HomeKey 6
    .GoTo what:=wdGoToBreak, Which:=wdGoToNext, Name:="2"
End With
Zählalgorithmus Zähler1, "Test Sets:"
With Selection
    .HomeKey 6
    .GoTo what:=wdGoToBreak, Which:=wdGoToNext, Name:="2"
End With
T = 0
For i = 1 To Zähler1
    With Selection
        T = T + 1
        .Find.MatchWholeWord = True
```

```vba
.Find.Text = "Test Sets:"
.Find.Execute
If .Find.Found = True Then
    .MoveLeft unit:=wdCharacter, Count:=80
    Set k = ActiveDocument.Range(Start:=Selection.Start, _
            End:=Selection.Start + 79)
    teil1 = Split(k, "\")
    Z = UBound(teil1)
    .MoveRight unit:=wdCharacter, Count:=92
    .TypeParagraph
    .Font.Bold = False
    .Font.Size = 10
    .TypeText Text:="("
    .TypeText Text:=teil1(Z - 1)
    .TypeText Text:=",  "
    .TypeText Text:=teil1(Z - 2)
    .TypeText Text:=")"
    .TypeParagraph
    .Font.Bold = True
    .Font.Underline = wdUnderlineSingle
    .Font.Size = 14
    .TypeText Text:=T
    .TypeText Text:="."
    .TypeText Text:=vbTab
    .TypeText Text:=teil1(Z)
    .MoveUp unit:=wdLine, Count:=2
    .TypeBackspace
    .MoveRight unit:=wdCharacter, Count:=60
End If


End With
Next i

End Function
```

**Löschen der Roots:**
```vba
Function löschenderroots()
'
'This function delete all paragraphs which includes the string "Root"
'
'
```

```
With Selection
    .HomeKey 6
    .GoTo what:=wdGoToBreak, Which:=wdGoToNext, Name:="2"
End With
Zählalgorithmus Zähler, "Root"

With Selection
    .HomeKey 6
    .GoTo what:=wdGoToBreak, Which:=wdGoToNext, Name:="2"
End With

For i = 1 To Zähler
    With Selection
        .Find.MatchWholeWord = True
        .Find.Text = "Root"
        .Find.Execute
        If .Find.Found = True Then
            .HomeKey unit:=wdLine
            .MoveDown unit:=wdParagraph, Count:=1, Extend:=wdExtend
            .Delete unit:=wdCharacter, Count:=1
        End If
    End With
Next i

With Selection
    .HomeKey 6
    .GoTo what:=wdGoToBreak, Which:=wdGoToNext, Name:="2"
End With
Zählalgorithmus Zähler, "Test Sets:"

With Selection
    .HomeKey 6
    .GoTo what:=wdGoToBreak, Which:=wdGoToNext, Name:="2"
End With

For i = 1 To Zähler
    With Selection
        .Find.MatchWholeWord = True
        .Find.Text = "Test Sets:"
        .Find.Execute
        If .Find.Found = True Then
            .Delete unit:=wdCharacter, Count:=1
        End If
    End With
```

```
Next i

With Selection
    .HomeKey 6
    .GoTo what:=wdGoToBreak, Which:=wdGoToNext, Name:="2"
    .Find.MatchWholeWord = True
    .Find.Text = "Test Lab"
    .Find.Execute
    If .Find.Found = True Then
        .Delete unit:=wdCharacter, Count:=1
        .HomeKey 5
        '.MoveLeft unit:=wdCharacter, Count:=1
        .Delete unit:=wdCharacter, Count:=1
        .MoveDown unit:=wdWindow, Count:=1, Extend:=wdExtend
        .Delete unit:=wdCharacter, Count:=2
    End If
End With


End Function
Function Zählalgorithmus(ByRef Zähler, strFind)
'
'This function count the words which are assigned to the variable strFind.
'
'

'With Selection
    '.HomeKey 6
    '.GoTo what:=wdGoToBreak, Which:=wdGoToNext, Name:="3"
'End With

    With Selection.Find
        Zähler = 0
        .Text = strFind
        .Execute
        Do While .Found = True
        Zähler = Zähler + 1
        lastpage = Scurpage
        Scurpage = Selection.Information(wdActiveEndPageNumber)
        If lastpage > Scurpage Then Zähler = Zähler - 1
        If lastpage > Scurpage Then Exit Do
        .Execute
        Loop
```

```vba
    End With
End Function
```

**Report Quality Center:**

```vba
Sub ReportQualityCenter()
'
' This Makro edit a report which is generaded from Quality Center
'
'
strFind = "Test Set :"
b = "T"
c = 2
d = 1
löschendergliederung strFind, b, c, d

strFind = "Plan: Test Name :"
b = "P"
c = 3
d = 2
löschendergliederung strFind, b, c, d

strFind = "Run Name :"
b = "R"
c = 6
d = 5
löschendergliederung strFind, b, c, d

Seitenumbruch

SetzenderGliederung

SetzenderGliederung2

'löschenderroots

End Sub
```